蛙牙王子

文・圖／張蓬潔

信誼

小王子出生了！

小王子
漸漸長大，
很多地方
都像爸爸。

醫生常常提醒：「王子雖然年紀小，

也要注意飲食均衡，不然會變成胖王子喔！」

王子什麼都愛吃，

不過他最愛吃……

甜甜的食物。

連洗泡泡澡也要吃呢！

皇后不讓王子吃太多糖果，
所以小王子就把糖果藏得到處都是，
房間裡的螞蟻、蟑螂越來越多。

大家傷透腦筋，
只好分頭去找藏起來的糖果。
小王子藏東西的本事真像媽媽呢！

有一天，平常笑嘻嘻的王子
突然大哭了起來，

哭得非常、非常、非常大聲，
還一直喊著：「好痛唷！」

國王找了醫生來，

醫生說：「王子有蛀牙，得趕快送醫院！」

大家說：「原來我們的王子是蛀牙王子！」

到了醫院，
小王子還在哭，
醫生馬上
幫王子
檢查牙齒。

醫生說：「王子的牙齒
蛀了好幾個洞，
要趕快補一補才行！」

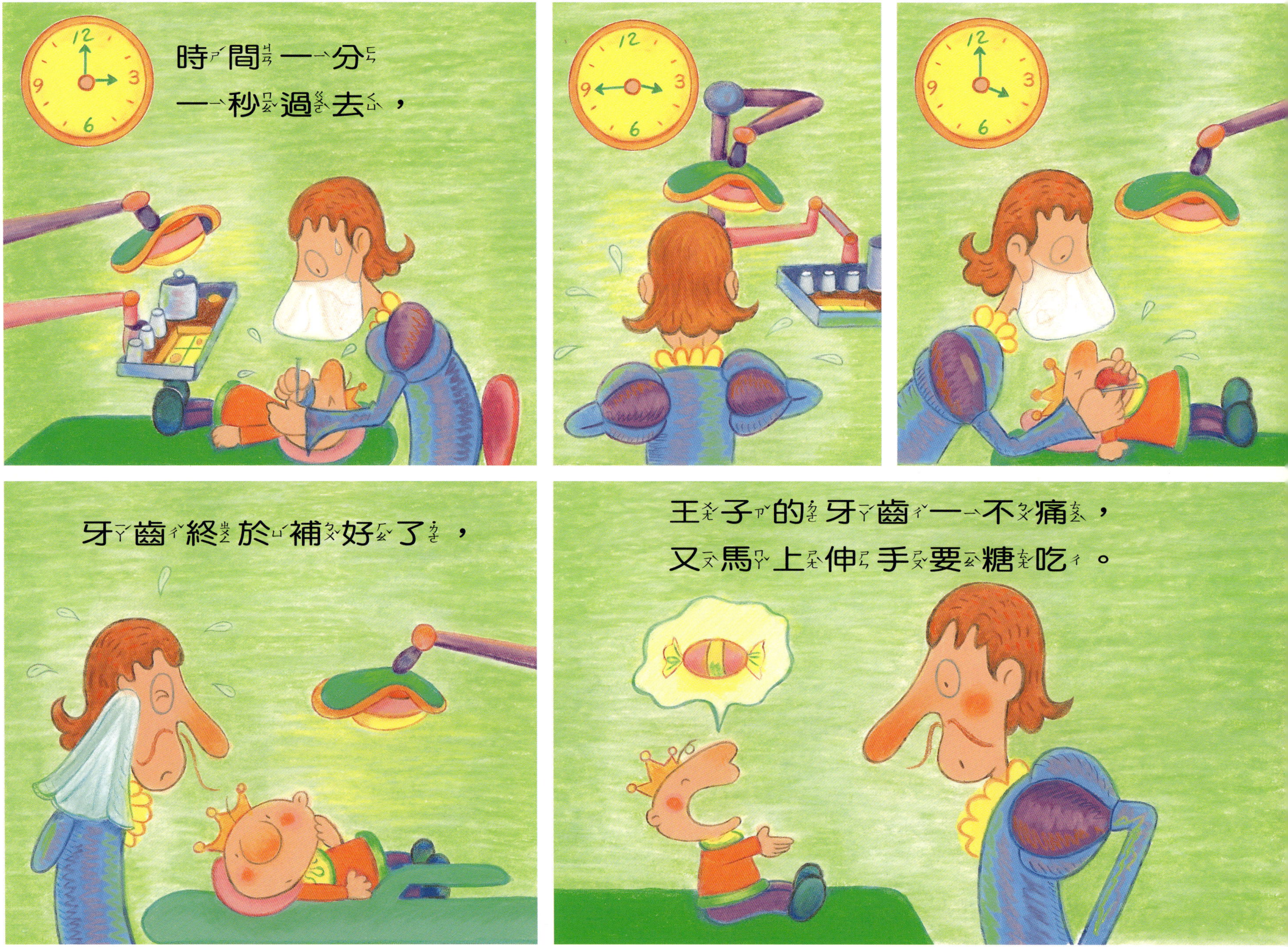
時間一分
一秒過去，
牙齒終於補好了，
王子的牙齒一不痛，
又馬上伸手要糖吃。

醫生說：「你一定是糖果吃太多，
又沒刷牙，才會牙痛，對不對？」
王子說：「我有刷啊！」

醫生問：「什麼時候刷的牙？」
王子想了一下說：
「上次吃了糖果，三天以後就刷牙了！」

「什麼！」醫生叫了起來：
「吃完東西要漱口，牙齒更要天天刷才行！」

「來，我來教你刷一次！」

牙齒前面
刷一刷

上面刷完
下面刷

牙齒後面刷一刷
上面刷完下面刷

門牙前後
刷一刷

後面牙齒
刷一刷

刷完牙後漱漱口
牙齒就會亮晶晶

廚師也說：「營養均衡，多吃青菜水果，常喝牛奶，少吃黏性太強的糖果，就不會有蛀牙了。」

國王說：「吃完東西記得漱漱口，牙齒要天天刷。」

王子說：「這樣好麻煩喔！」

國王、皇后和公主說：

「大家一起做就不麻煩了！」

大家為了
幫助王子，
還想出
許多好方法。

刷牙漱口不蛀牙．真簡單 真快樂
牙齒細菌
刷刷牙
漱漱口
早上刷
晚上刷
我刷
我刷刷
我刷刷牙

王子終於學會自己刷牙、漱口，

平常也會多喝牛奶、常吃青菜水果，
牙齒就不再痛了。

大家都說：
「我們的王子，牙齒真是潔白又健康。」

王子開心的笑了——

啊！
小王子的
門牙怎麼了？

給爸爸媽媽的話

小朋友愛吃甜食，蛀牙也好像理所當然的事。不過當我看到一位四歲的孩子牙痛大哭之後，真是十分心疼。想想，大人們不也說：「牙痛不是病，痛起來真要命」嗎？所以從小建立牙齒保健觀念，培養良好的刷牙方法，不僅可以兒時不哭，長大也不會因「牙」受苦。

兒童在恆牙未長出前，因手臂、手指與眼睛的協調性皆尚未成熟，並沒有辦法徹底刷乾淨自己的牙齒，所以，兒童牙科醫師建議父母一定要幫他們再刷一次。在刷牙方法上，因乳牙形狀比恆牙矮胖，以水平方式橫刷即可，但是必須將牙齒的每一面都刷到；等到恆牙大多萌換完時再採用貝式刷牙法（Bass Method）。刷牙工作除了用牙刷刷牙外，還包括用牙線清潔積在牙縫中的細菌和食物殘渣，父母可幫助孩子每天至少使用一次牙線。最重要的還是仔細清潔每一顆牙齒，讓每顆牙齒都乾乾淨淨的。

好習慣的養成除了運用方法，更需要旁人的耐心、支持與鼓勵，相信家人的愛心是能幫助孩子建立好習慣的。一口健康的牙齒，是父母給孩子最棒的生命資產之一！祝大家笑口常開，牙齒健康喔！

對了！最後有一個誠懇的提醒：有時父母因為忙碌沒時間好好陪孩子，就給他一堆糖果帶著，免得吵鬧。但這樣做會使孩子容易蛀牙。到底糖果不是孩子的安慰和依靠，父母的愛才是孩子真正的安慰和依靠的來源。

作者簡介

張　蓬　潔

喜歡唱歌、作曲、畫畫、閱讀童話。最欣賞林肯、華德・迪士尼、泰戈爾、蘇珊・希雅尼。愛與白朗黛、史奴比一起消磨閒暇時光。

當過漫畫助手，畫過電視節目卡通原畫，寫過公益歌曲，唱過演唱會，製作過國語唱片專輯，主持過廣播節目……。經過多樣化的工作生涯後，成立了自己的工作室，目前想專心多畫些畫、多寫些歌。

童心、作夢及創造力是她的天賦，「常常喜樂，不住禱告，凡事謝恩」是她的座右銘。已出版《胖國王・瘦皇后》音樂故事書、《眼鏡公主》，以後還會繼續創作下去。

蛀牙王子

文・圖／張蓬潔
審定／蔡蔭玲（長庚醫院兒童牙科及齒顎矯正科主任醫師）
總策畫／張杏如
總編輯／高明美
執行主編／陳曉玲
美術編輯／李士妤
生產管理／王彥森
發行人／張杏如
出版／信誼基金出版社
總代理／上誼文化實業股份有限公司
地址／臺北市重慶南路二段75號
電話／（02）23913384〈代表號〉
網址／http://www.hsin-yi.org.tw
定價／280元
郵撥／10424361 上誼文化實業股份有限公司
2002年7月初版　2015年7月二版　2017年11月二版三刷
ISBN／978-957-642-781-7
印刷／中華彩色印刷股份有限公司

讀者服務／信誼・奇蜜親子網 www.kimy.com.tw

THE CAVITY PRINCE

SUMMARY： The queen gave birth to a little prince. He enjoyed food as much as his father. Moreover, he had a sweet tooth. The queen didn't allow him to eat sweeties, so he hid them everywhere. One day, the prince who always smiles started crying. The doctor found that he got cavities! Now everyone has to encourage the prince to learn how to brush his teeth, and eat the right food for the health of his teeth.